AF329713

LES LOIS FRANÇAISES
A LA PORTÉE DE TOUS

CODE
DE
LA PÊCHE

DROIT DE PÊCHE

SOCIÉTÉS DE PÊCHEURS A LA LIGNE

LES LIGNES — LES FILETS

POLICE DE LA PÊCHE

FERMETURE DE LA PÊCHE

DIMENSIONS DU POISSON PÊCHABLE

POLLUTION DES EAUX — USINES

GARDES PARTICULIERS

PEINES & CONDAMNATIONS

PÊCHE A LA GRENOUILLE

VIVIERS, BOUTIQUES & RÉSERVOIRS

" ÉDITIONS & LIBRAIRIE "
40, Rue de Seine, 40
PARIS

Prix : 0.75

(Voir suite page 3 couverture

PÊCHE

La nature du droit de pêche varie suivant qu'il s'exerce dans une eau faisant partie du domaine public ou soit dans celle qui constituerait une propriété particulière : étang, etc., soit dans une eau ni navigable ni flottable où le droit de pêche appartient aux riverains.

Dans les étangs et viviers fermés, sans communication avec un cours d'eau, qui sont des propriétés particulières, le poisson est considéré comme un accessoire de la propriété, il y est en la possession du maître. Ce dernier peut le pêcher quand et comme bon lui semble, les lois sur la pêche ne lui sont pas applicables. Le pêcheur qui s'emparerait de ce poisson sans l'assentiment du propriétaire commettrait un vol et se rendrait passible des peines réprimant ce délit. Il en serait encore ainsi quand bien même l'étang aurait débordé ; quand bien même il serait côtoyé par un chemin public, on ne pourrait y pêcher en se tenant sur ce chemin. Disons, enfin que les poissons des étangs sont immeubles par destination.

Quand l'étang est en communication avec un cours d'eau, les lois sur la pêche lui sont applicables. Les étangs, viviers et canaux ne seraient plus fermés, ils seraient considérés comme étant en communication avec une rivière et la loi commune leur serait applicable si une communication existait, alors même qu'elle ne serait pas permanente, du moment où elle est naturelle et directe tant qu'elle dure, proviendrait-elle d'un mécanisme artificiel comme une porte ouvrante ou fermante ou vanne.

Ces lois concernent donc la pêche partout où elle s'exerce, sauf dans les étangs fermés et viviers qui sont propriété privée ; c'est-à-dire dans les cours d'eau, ca-

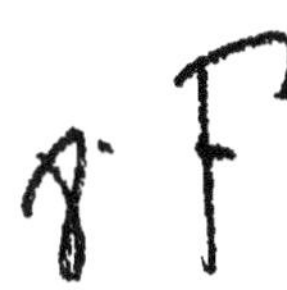

naux, contre-fossés, etc. Déjà, une grande distinction s'impose quant aux cours d'eaux suivant qu'ils sont, ou non, navigables ou flottables.

Dans les cours d'eau qui ne sont ni navigables ni flottables, le droit de pêche appartient aux propriétaires riverains ; ils ont, chacun de son côté, le droit de pêcher jusqu'au milieu du cours d'eau, sans préjudice des droits contraires établis par possession ou titre. Eux seuls peuvent donc y pêcher ; quiconque s'en arrogerait le droit sans l'assentiment des riverains (ou, mieux du riverain sur le territoire de qui il stationne) commet un délit passible d'une amende de 20 à 100 fr., il sera, en outre condamné à des dommages-intérêts, à la restitution du poisson et même, si le tribunal le juge à propos, à la confiscation des filets et engins de pêche.

Comme le droit de chasse, le droit de pêche, quand le fonds riverain d'un cours d'eau, est donné à bail, appartient au propriétaire et non au preneur à moins de conventions contraires. Il n'en serait autrement que si le produit de la pêche avait été envisagé comme rendement. Il a été jugé que le droit de pêche doit être regardé comme une jouissance voluptuaire et non comme un droit susceptible d'un rendement pécuniaire. En conséquence, la réserve que le bailleur fait, en cédant ce droit à un fermier, de l'exercicede cedroitsoit pour lui-même, soit pour certaines personnes expressément désignées, n'a pour objet que l'agrément procuré par la pêche. La réserve est, par suite, purement personnelle et ne peut, en l'absence de conventions formelles, être étendue au profit d'autres personnes et notamment d'intermédiaires salariés pêchant pour le compte du bailleur.

Le propriétaire du fonds peut céder ou louer pour un temps déterminé le droit de pêche qui lui est reconnu. L'aliénation définitive de ce droit ne pourrait se faire, au moins sur thèse générale, sans le fonds au profit de qui il existe et dont il est une dépendance, une servittude.

Ajoutons que le propriétaire d'un étang traversé d'une

extrémité à l'autre par un cours d'eau ne peut placer
et maintenir dans le lit du ruisseau un égrilloir en fer
qui, dans toute sa largeur, en barre le cours et empêche
la circulation du poisson, privant ainsi les autres propriétaires du ruisseau des avantages de la circulation
de ce poisson.

Au contraire, si l'étang était le point de départ d'un
cours d'eau son propriétaire pourrait prendre telles dispositions que bon lui semblerait pour empêcher l'émi-
gration du poisson et donner à cet étang le caractère
fermé qui autorise à y pêcher en tout temps, à toute
heure, avec n'importe quels engins et procédés.

D'autre part, le droit de pêche est exercé au profit de
l'Etat 1° dans tous les fleuves, rivières, canaux et contre fossés navigables ou flottables avec·bateaux, trains
ou radeaux, et dont l'entretien est à la charge de l'Etat
ou de ses ayants-cause ; 2° dans les bras, noues, boires
et fossés qui tirent leurs eaux des fleuves et rivières navigables ou flottables dans lesquels on peut en tout temps
passer ou pénétrer librement en bateau de pêcheur, et
dont l'entretien est également à la charge de l'Etat. Sont
toutefois exceptés les canaux et fossés existants, ou qui
seraient creusés dans des propriétés particulières et en-
tretenus aux frais des propriétaires. Là, encore, on ne
peut pêcher, sans une autorisation, sous peine d'encourir
le risque des condamnations exposées ci-dessus. Pourtant. et par exception, et quand le droit de pêche n'est
pas affermé, il est permis à tout individu de pêcher à
la ligne flottante tenue à la main dans les fleuves, rivières et canaux désignés sous les n° 1 et 2, le temps du
frai excepté. Les lignes de fond ou dormantes sont in-
terdites.

Des décrets déterminent après une enquête *de com-
modo et incommodo,* quelles sont les parties des fleuves
et rivières et quels sont les canaux désignés dans ces
deux premiers paragraphes où le droit de pêche sera
exercé au profit de l'Etat. De semblables décrets fixent

les limites entre la pêche fluviale et la pêche maritime dans les fleuves et rivières affluant à la mer. Ces limites seront les mêmes que celles de l'inscription maritime ; mais la pêche qui se fera au-dessus du point où les eaux cesseront d'être salées sera soumise aux règles de police et de conservation établies pour la pêche fluviale. Dans le cas ou des cours d'eau seraient rendus ou déclarés navigables ou flottables, les propriétaires qui seront privés du droit de pêche, ont droit à une indemnité préalable, qui sera réglée selon les formes prescrites par la loi, compensation faite des avantages qu'ils pourraient retirer de la disposition prescrite par le Gouvernement.

Naturellement, l'Etat peut, comme les particuliers, céder ou louer son droit de pêche, sauf qu'il doit pour cela remplir les formalités obligatoires de l'adjudication publique. A cet effet, il est rédigé un cahier des charges approuvé par le ministre des travaux publics : les rivières et canaux sont divisés en cantonnements et biefs ; l'adjudication est annoncée par voie d'affiches apposées dans le chef-lieu du département ainsi que dans les communes riveraines du cantonnement environnantes pendant 15 jours au moins. Elle est définitive du moment où elle est prononcée mais ne devient effective qu'après avoir été homologuée par le préfet, il ne faudrait, donc, pas commencer à pêcher, sous peine de commettre un délit, avant que cette formalité ne soit remplie.

Au surplus, l'adjudicataire se conformera strictement à toutes les prescriptions du cahier des charges. Toutes les contestations à ce sujet, quels que soient les intéressés, sont de la compétence des tribunaux civils conformément à la procédure de droit commun.

Si l'adjudication a été tentée sans succès, le droit de pêche peut être concédé par licences à prix d'argent avec l'autorisation de l'administration des ponts et chaussées. Il n'y a d'exception à ce principe de l'adjudication qu'en faveur des sociétés de pêcheurs à la ligne dans des conditions que nous exposerons en parlant de ces groupements. Toutes les fois que l'adjudication d'un cantonnement de pêche n'aura pu avoir lieu, il sera fait mention, dans le procès-verbal de la séance, des mesures qui auront été prises pour donner toute la publicité possible à la mise en adjudication, et des circonstances qui se seront opposées à la location. Toute location faite autrement que par adjudication publique sera considérée comme clandestine et déclarée nulle. Les fonctionnaires et agents qui l'auraient ordonnée ou effectuée seront condamnés solidairement à une amende égale au double du fermage annuel du cantonnement de pêche. Sont exceptées les concessions par voie de licence. Sera de même annulée toute adjudication qui n'aura point été précédée des publications et affiches prescrites, ou qui aura été effectuée dans d'autres lieux, à autres jour et heure que ceux qui auront été indiqués par les affiches ou les procès-verbaux de remise en location. Les fonctionnaires ou agents qui auraient contrevenu à ces dispositions seront condamnés solidairement à une amende égale à la valeur annuelle du cantonnement de pêche ; et une amende pareille sera prononcée contre les adjudicataires en cas de complicité. Toutes les contestations qui pourront s'élever pendant les opérations d'adjudication, soit sur la validité desdites opérations, soit sur la solvabilité de ceux qui auront fait des offres et de leurs cautions, seront décidées immédiatement par le fonctionnaire qui présidera la séance d'adjudication.

Ne pourront prendre part aux adjudications, ni par eux-mêmes, ni par personnes interposées, directement ou indirectement, soit comme parties principales, soit comme associés ou cautions 1° les agents et gardes forestiers et les gardes-pêche, dans toute l'étendue du territoire ; les fonctionnaires chargés de présider ou de concourir aux adjudications et les receveurs du produit de la pêche, dans toute l'étendue du territoire où ils exercent leurs fonctions ; en cas de contravention, ils seront punis d'une amende qui ne pourra excéder le

quart ni être moindre du douzième du montant de l'adjudication ; et ils seront, en outre, passibles de l'emprisonnement et de l'interdiction qui sont prononcés par
l'article 175 du Code pénal ; 2° les parents et alliés en
ligne directe, les frères et beaux-frères, oncles et neveux
des agents et gardes forestiers et gardes-pêche, dans
toute l'étendue du territoire pour lequel ces agents ou
gardes sont commissionnés ; en cas de contravention,
ils seront punis d'une amende égale à celle qui est prononcée par le paragraphe précédent ; 3° les conseillers
de préfecture, les juges, officiers du ministère public et
greffiers des tribunaux de première instance, dans tout
l'arrondissement de leur ressort ; en cas de contravention, ils seront passibles de tous dommages et intérêts
s'il y a lieu. Toute adjudication qui sera faite en contravention à ces dispositions sera déclarée nulle.

Toute association secrète, toute manœuvre entre les
pêcheurs ou autres, tendant à nuire aux adjudications,
à les troubler ou à obtenir des cantonnements de pêche
à plus bas prix, donnera lieu à l'application des peines
portées par l'article 412 du Code pénal, indépendamment
de tous dommages-intérêts ; et si l'adjudication a été
faite au profit de l'association secrète ou des auteurs
desdites manœuvres, elle sera déclarée nulle.

Aucune déclaration de commande ne sera admise si
elle n'est faite immédiatement après l'adjudication et
séance tenante. D'autre part, faute par l'adjudicataire
de fournir les cautions exigées par le cahier des charges
dans le délai prescrit, il sera déclaré déchu de l'adjudication par un arrêté du préfet, et il sera procédé dans
les formes ci-dessus prescrites à une nouvelle adjudication du cantonnement de pêche, à sa folle enchère. L'adjudicataire déchu sera tenu de la différence entre son
prix et celui de la nouvelle adjudication, sans pouvoir
réclamer l'excédant s'il y en a. Les adjudicataires sont
tenus d'élire domicile dans le lieu où l'adjudication a
été faite, à défaut de quoi, tous actes postérieurs leur
seront valablement signifiés au secrétariat de la sous-

préfecture. Tout procès-verbal d'adjudication emporte exécution contre les adjudicataires, leurs associés et cautions, tant pour le paiement du prix principal de l'adjudication que pour accessoires et frais. Les cautions sont en outre tenues solidairement et par les mêmes voies au paiement des dommages, restitutions et amendes qu'aurait encourus l'adjudicataire.

Les fermiers et porteurs de licences ne peuvent user, sur les fleuves, rivières, et canaux navigables, que du chemin de halage ; sur les rivières et cours d'eau flottables, que du marchepied. Ils devront, donc, traiter de gré à gré avec les propriétaires riverains pour l'usage des terrains dont ils auront besoin pour retirer et assener leurs filets.

SOCIÉTÉS DE PÊCHEURS A LA LIGNE

Les sociétés de pêcheurs à la ligne, constituées en conformité de l'article 5 de la loi du 1ᵉʳ juillet 1901, peuvent obtenir, sans adjudication publique, et dans les conditions qu'on va lire, l'affermage de certains lots de pêche sur les fleuves, rivières et canaux dépendant du domaine de l'Etat. Pour être admises à bénéficier de cette disposition, elles doivent d'abord prendre l'engagement de renoncer à l'emploi de tous filets et tous engins de pêche autres que la ligne plombée ordinaire et la ligne flottante, chaque sociétaire ne pouvant se servir de plus de trois lignes.

Toute société qui désirera user, de cette faculté adresse une demande au préfet du département de la situation des lots, par lettre recommandée, six mois au moins avant l'expiration des baux en cours. Cette demande devra être accompagnée de l'engagement exigé ci-dessus. A l'appui de leur demande de location amiable, celles des sociétés qui sont déjà adjudicataires d'un lot de pêche devront justifier des améliorations apportées par elles à ce lot, notamment des mesures appliquées

pour la répression du braconnage et pour le repeuplement
Elles indiqueront également les ressources financières
(cotisations, dons, etc.) dont elles disposent pour conti-
nuer à assurer dans l'avenir ces diverses améliorations.
Celles des sociétés qui ne sont pas adjudicataires de lot
de pêche devront justifier leur demande de concession
directe par l'engagement de pratiquer dans le lot demandé
de sérieuses mesures de répression du braconnage et
de repeuplement, en établissant l'existence de moyens
financiers suffisants pour l'exécution de cet engagement.

Le ministre des travaux publics et le ministre de l'a-
griculture déterminent, chacun en ce qui le concerne,
les lots susceptibles d'être réservés aux sociétés de pêcheurs à la ligne et les conditions de l'affermage. La
redevance à payer est fixée suivant les règles de compétence établies pour la location des biens de l'Etat. Toutefois, en cas de désaccord sur le chiffre de la redevance
entre les agents locaux des services intéressés, ce chiffre
est arrêté par le ministre des finances. Les conditions
techniques et financières de l'affermage sont notifiées
aux sociétés par les soins du préfet de la situation des
lots. Chaque société devra, dans les trente jours qui
suivront cette notification, faire connaître au préfet, par
lettre recommandée, si elle accepte ces conditions. Les
sociétés de pêcheurs à la ligne seront dispensées de
fournir une caution, mais elles devront remettre au préfet, avant la passation de l'acte d'affermage qui en fera
mention, une déclaration constatant le versement à la
Caisse des dépôts et consignations, comme garantie de
l'exécution des clauses et conditions du cahier des
charges, d'une somme égale à la moitié de la redevance
annuelle qui aura été fixée.

Si un même lot de pêche est demandé par plusieurs
sociétés acceptant les conditions d'affermage, et s'il est
détenu par l'une d'elles, le lot est attribué à cette dernière
société. Dans le cas contraire, il est procédé, par les
soins du préfet, à une adjudication restreinte, entre les
sociétés concurrentes. Le lot sera attribué, en tenant

compte non seulement du prix offert, mais de l'importance des engagements pris par chacune des sociétés concurrentes pour assurer l'amélioration du lot de pêche; notamment des dépenses qu'elles s'engagent à faire pour la répression du braconnage et le repeuplement. L'affermage fait l'objet d'un acte administratif dressé par le chef du service technique et le représentant des domaines, et passé devant le préfet.

LES LIGNES

Que faut-il entendre par ligne flottante? C'est la ligne qui, au lieu d'être retenue fixe et immobile au fond de l'eau par un poids quelconque, est constamment mise en mouvement par le courant et suit le cours de l'eau, celle dont l'hameçon est continuellement mobile et fugitif. On lui oppose la ligne de fonds ou ligne dormante qui, non munie d'un flotteur, est garnie de plomb assez lourd pour maintenir les hameçons, et leurs appâts, immobiles au fond de la rivière ; on sait que la ligne de fonds est interdite dans les rivières navigables ou flottables.

Et la ligne à la cuiller? C'est celle qui est amorcée d'un appât artificiel imitant une cuiller brillante à laquelle est attaché l'hameçon. On ne la considère pas comme un engin de pêche, mais comme une simple amorce destinée à attirer le poisson lequel se précipite vers tout ce qui brille. Cette cuiller, en conséquence, ne peut être valablement interdite par un arrêté préfectoral pris en vertu du droit qu'ont les préfets de défendre certains engins, procédés ou modes de pêche de nature à nuire au repeuplement des cours d'eau. La loi ne leur permet pas de réglementer le genre d'amorce ou appât que le pêcheur peut mettre à la ligne flottante. Il en serait pourtant autrement si la ligne à la cuiller n'était pas tenue à la main, mais si, munie d'un triple hameçon, cette ligne était traînée à la remorque d'un bateau ; ici, ce n'est plus la ligne flottante, mais un engin un mode

de pêche qui peut être interdit par les arrêtés préfectoraux.

De même, ne saurait être considérée comme une ligne
flottante, bien qu'elle présente certains des caractères
de la ligne a la cuiller, la ligne munie de 3 cuillers,
enroulée sur un treuil porteur d'un ressort à grelot, les-
tée à son extrémité d'un plomb unique, quand on peut
tenir légèrement enclanchée la manivelle du treuil et
éviter de garder la ligne constamment à la main. Peu
importe que cet appareil soit, ou puisse être tenu à la
main, si cette situation est accidentelle et si, normalement,
la ligne est retenue par un treuil et peut fonctionner au-
tomatiquement ; il ne faut plus voir là la simple ligne
flottante que le législateur a envisagée.

Des juges ont même condamné un pêcheur qui se
servait pour la pêche d'une ligne, qui en soutenait plusieurs autres armées chacune d'une cuiller : cette ligne
composée, ont-ils dit, ne peut être assimilée à la ligne
flottante prévue par la loi.

En réalité, la loi, en opposant à la ligne dormante la
ligne flottante, n'a pas limité les caractères ne cette dernière, il faudra l'apprécier d'après son agencement qui
est de toujours flotter, de ne pouvoir devenir dormante
et lui conserver un aspect un peu élémentaire qui doit
tendre plutôt au plaisir de la pêche qu'à la destruction
acharnée du poisson. Tout appareil compliqué est sujet
à caution et peut être soumis à l'appréciation des tribunaux. Notamment, ne peut être considérée comme une
ligne flottante un engin dont l'appât (hameçon et balles
de plomb compris), lancé loin du pêcheur et abandonné
à lui-même, ne peut ni rester à la surface, ni flotter entre deux
eaux, mais, par son poids même, tombe au fonds de
l'eau et ne remonte à la surface que quand le pêcheur
fait agir un moulinet.

Sans doute, il a été jugé que, soit qu'elle reste à la
surface, soit quelle flotte entre deux eaux, une ligne ne

cesse pas d'être flottante encore bien qu'elle doive sa mobilité, non plus à ses propres moyens, mais à la force du courant ou au pêcheur lui-même qui après l'avoir lancée la ramène à lui. Mais, ce jugement ne saurait faire jurisprudence partout. Le pêcheur qui s'en inspirerait pour se servir d'une ligne dépourvue de flotteur et s'immobilisant naturellement, courrait de gros risques. Le paragraphe précédent, tiré d'un arrêt de la cour de cassation, nous parait beaucoup préférable.

Un jugement porte que ne constitue ni un engin de pêche prohibé ni un filet, trainant la ligne, consistant en une longue ficelle tenue à la main à l'arrière d'un bateau lors même qu'elle serait munie d'un plomb sans flotteur, d'hameçons et d'un appât artificiel imitant une cuiller brillante destinée à attirer le poisson ; on a considéré cet appareil comme une ligne flottante. Cet exemple prouve que les tribunaux sont fondés à apprécier souverainement le mode de pêche. Ne vous y risquez pas, tel est pris qui croyait prendre.

Une autre disposition de la loi prête aux discussions : « la ligne flottante tenue à la main ». La ligne doit-elle être constamment tenue à la main où peut-elle être posée à terre ? Il y a de la jurisprudence dans les deux sens : mais la plus suivie, la plus rationnelle est celle qui admet que la ligne flottante peut être posée à terre ; certains jugements ajoutent : à portée de la main. C'est mon opinion. Je ne serais d'avis contraire que si le pêcheur abusait en se servant de plus de 3 ou 4 lignes ; ce ne serait plus du plaisir qu'il recherchait, mais la destruction excessive du poisson.

D'autre part les dispositions de la loi sur la matière ne s'étendent point au fait par le pêcheur à la ligne flottante de se servir d'un filet auxiliaire, dit épuisette, pour tirer hors de l'eau le poisson pris avec la ligne. L'usage de l'épuisette, dans ces conditions, est absolument licite et échappe à toute répression.

POLICE DE LA PÊCHE

Le propriétaire d'un vivier ou d'un étang fermé, d'un fossé ou d'un canal ne communiquant avec aucun cours d'eau, pêche comme bon lui semble, à tout moment, en toute saison, absolument comme le propriétaire d'un terrain enclos attenant à une habitation y peut chasser Dans tous autres cas, la loi a pris des mesures de police pour la conservation et la reproduction des poissons, fermant la pêche à certaines époques, interdisent cerains engins et certaines façons de pêche.

FERMETURE DE LA PÊCHE

Les époques pendant lesquelles la pêche est interdite, en vue de protéger la reproduction du poisson, sont fixées comme il suit : 1º du 30 septembre exclusivement au 10 janvier inclusivement; est interdite la pêche du saumon ; 2º du 20 octobre exclusivement au 31 janvier inclusivement, est interdite la pêche de la truite et de l'ombre-chevalier ; 3º du 15 novembre exclusivement au 31 décembre inclusivement, est interdite la pêche du lavaret ; 4º du lundi qui suit le 15 avril inclusivement au dimanche qui suit le 15 juin exclusivement, est interdite la pêche de tous les autres poissons et de l'écrevisse. Si le lundi qui suit le 15 avril est un jour férié, l'interdiction est retardée de vingt-quatre heures. Les interdictions s'appliquent à tous les procédés de pêche, même à la ligne flottante tenue à la main. En outre, les préfets peuvent, par des arrêtés rendus après avoir pris l'avis des conseils généraux, soit pour tout le département. soit pour certaines parties du département, soit pour certains cours d'eau déterminés : 1º interdire exceptionnellement la pêche de toutes les espèces de poissons pendant l'une ou l'autre période, lorsque cette interdiction est nécessaire pour protéger les espèces prédominantes : 2º augmenter pour certains poissons désignés la durée desdites périodes, sous la condition que les périodes ainsi modifiées comprennent la totalité de l'intervalle de temps fixé ci-dessus ; 3° excepter de la quatrième période la pêche de l'alose, de l'anguille et de la lamproie, ainsi que des autres poissons vivant alternativement dans les eaux douces et les eaux salées ; 4° fixer une période d'inter-diction pour la pêche de la grenouille. Dans ce cas, des publications sont faites dans les communes dix jours au moins avant le début de chaque période d'interdic-tion de la pêche pour rappeler les dates du commence-ment et de la fin de ces périodes ; si on a un doute on se renseigne à la mairie ou près du garde-champêtre.

Quiconque pendant la période d'interdiction, transporte ou débite des poissons dont la pêche est prohibée, mais qui proviennent des étangs et réservoirs, est tenu de justifier de l'origine de ces poissons ; on accepte des témoignages verbaux.

Les poissons saisis et vendus aux enchères eux-mêmes ne peuvent être exposés de nouveau en vente.

La pêche n'est permise que depuis le lever jusqu'au coucher du soleil. Toutefois, la pêche de l'anguille, de la lamproie et de l'écrevisse peut être autorisée après le coucher et avant le lever du soleil, dans les cours d'eau désignés, et aux heures fixées par des arrêtés préfecto-raux, rendus après avis des conseils généraux. Ces arrêtés déterminent, pour l'anguille, la lamproie et l'é-crevisse, la nature et les dimensions de engins dont l'emploi est autorisé. La pêche du saumon et de l'alose peut être autorisée par des arrêtés préfectoraux, rendus après avis des conseils généraux, pendant deux heures au plus après le coucher du soleil, et deux heures au plus avant son lever, dans certains emplacements des fleuves et rivières navigables spécialement désignés.

Le séjour dans l'eau des filets et engins ayant les di-mensions réglementaires est permis à toute heure, sous la condition qu'ils ne peuvent être placés et relevés que depuis le lever jusqu'au coucher du soleil.

Dimensions du poisson péchable : Les dimensions au-dessous desquelles les poissons et écrevisses ne peuvent être pêchés, même à la ligne flottante et, doivent être rejetés à l'eau sont déterminées comme il suit pour les diverses espèces : — 1º Les saumons, 40 centimètres de longueur. Cette prescription s'applique indistinctement à tous les sujets de l'espèce n'ayant pas la dimension ci-dessus fixée, quels que soient d'ailleurs les différents noms dont on les désigne suivant les localités : tacous, tocaus, glezys, guimoisons, cadets, orgeuls, castillons, reneys, etc. ; — 2º Les anguilles, 25 centimètres de longueur ; — 3º Les truites, ombres-chevaliers, ombres communs, carpes, brochets, barbeaux, brêmes, meuniers, aloses, perches, gardons, tanches, lottes, lamproies et lavarets, 14 centimètres de longueur, ; — 4º Les soles, plies et fletes, 10 centimètres de longueur ; — 5º Les écrevisses à pattes rouges, 8 centimètres de longueur ; celles à pattes blanches, 6 centimètres de longueur. — La longueur des poissons , ci-dessus mentionnée, est mesurée de l'œil à la naissance de la queue ; celle de l'écrevisse, de l'œil à l'extrémité de la queue déployée. Toutefois la pêche de la montée d'anguille (alevins d'anguilles ayant moins 7 centimètres de longueur) peut être permise par des arrêtés préfectoraux annuels, pris après avis conforme des conseils généraux et dans les conditions prévues plus loin ; ces arrêtés détermineront les procédés de pêche, la nature et la dimension des engins qui pourront être employés, les saisons et heures, ainsi que les parties des fleuves, rivières et canaux où cette pêche sera autorisée, et toutes autres mesures que les autorisations prévues ici pourrraient rendre nécessaires en vue d'empêcher le dépeuplement des cours d'eau.

Tombe sous le coup de la loi le fait par la personne qui, se servant du filet réglementaire pour le poisson de petite espèce, conserve le poisson de grande espèce qui y est entré avec le fretin ; vainement prétendait-elle que le rejet immédiat à l'eau n'est imposé que pour le poisson n'ayant pas encore atteint un certain maximum de longueur suivant les espèces.

Filets : Les mailles des filets mesurées de chaque côté après leur séjour dans l'eau, et l'espacement des verges, bires, nasses et autres engins employés à la pêche des poissons doivent avoir les dimensions suivantes : — 1o Pour les saumons, 40 millimètres au moins ; — 2o Pour les grandes espèces autres que le saumon et pour l'écrevisse, 27 millimètres au moins ; — 3o Pour les petites espèces, telles que goujons loches, vérons, ablettes et autres, 10 millimètres uniquement.

Remarquons bien que les filets pour la pêche fluviale des petites espèces ne peuvent comporter que des mailles ayant uniformément 10 millimètres ni plus ni moins (sauf tolérance légale du dixième). Et cette dimension est prescrite non seulement pour les mailles de la partie du filet désignée sous le nom de poche, mais encore pour les mailles de la partie supérieure dite toile. Le soin qu'a pris le législateur de prescrire pour la pêche des petites espèces l'emploi de mailles mesurant seulement 10 millimètres, tandis que pour les grandes il n'exige certaines dimensions que comme un minimum qui peut être dépassé implique l'interdiction ici de toute autre mesure. Cette unité a été prévue dans le but de rendre réelle et efficace la surveillance de la pêche des grandes espéces qui, sans cela, deviendrait illusoire. Cette doctrine explique le jugement portant que commet une contravention celui qui pêche de petits poissons avec un filet dont la maille mesure 20 millimètres de côté.

La vérification de la dimension des mailles, des filets et de l'espacement des verges des nasses s'effectue au moyen d'un instrument en forme de pyramide quadrangulaire portant à sa surface les traits accompagnés de chiffres indiquant les longueurs des côtés de mailles correspondantes à chaque espèce. Cet instrument est fourni par l'administration et poinçonné par elle. Un exemplaire en est déposé au greffe de chaque tribunal civil. Pour opérer la vérification l'instrument est introduit successivement dans plusieurs mailles prises au hasard. La mesure des mailles et l'espacement des verges sont pris avec une tolérance d'un dixième.

Il est interdit d'employer simultanément à la pêche des engins de catégorie différente ; c'est-à-dire que leur emploi simultané est interdit dans une même opération de pêche et non pas seulement au moment précis et forcément limité ou le pêcheur jette son filet. En conséquence sont en état de délit des pêcheurs dans le bateau desquels ont été trouvés quatre filets de dimensions différentes ayant tous servi et 4 kilogs de poissons de diverses espèces, bien que ces pêcheurs aient soutenu avoir employé lesdits filets successivement et non simultanément. Toutes ces lois doivent être observées à la lettre !

Les préfets, peuvent, sur l'avis des conseils généraux, prendre des arrêtés pour réduire les dimensions des mailles des filets et l'espacement des verges des engins employés uniquement à la pêche de l'anguille, de la lamproie et de l'écrevisse. Les filets et engins à mailles ainsi réduites ne peuvent être employés que dans les emplacements déterminés par ces arrêtés. Les préfets peuvent aussi, sur l'avis des conseils généraux, déterminer les emplacements limités en dehors desquels l'usage des filets à mailles de 10 millimètres n'est pas permis.

Les filets fixes ou mobiles et les engins de toute nature ne peuvent excéder, en longueur et en largeur, les deux tiers de la largeur mouillée des cours d'eau dans les emplacements ou on les emploie. Tous les tribunanx n'ont pas été d'accord pour déterminer cette mesure. Certains ont décidé que par largeur mouillée, il fallait entendre la coupe verticale de la rivière, c'est-à-dire une surface et non pas une ligne et qu'il suffit, pour que la loi ne soit pas violée, de réserver au passage du poisson le tiers de cette même surface. Une autre opinion veut que l'expression « largeur mouillée » indique que la comparaison doit s'établir non pas entre la surface du filet et la surface de la coupe verticale du cours d'eau mais entre les dimensions du filet, soit en longueur soit en largeur, et une ligne obtenue par simple métrage faisant connaître la distance séparant les deux rives opposées dans l'emplacement où est employé le filet.

Plusieurs filets ou engins ne peuvent être employés simultanément sur la même rive, ou sur deux rives opposées, qu'à une distance au moins triple de leur développement. Lorsqu'un ou plusieurs engins employés sont en partie fixes et en partie mobiles, les distances entre les parties fixes doivent être au moins triples du développement total des parties fixes et mobiles mesurées bout à bout.

Les filets fixes seront retirés de l'eau et déposés à terre pendant trente-six heures de chaque semaine, du samedi à six heures du soir au lundi à six heures du matin

Procédés interdits : Sont prohibés tous les filets traînants, à l'exception du petit épervier jeté à la main, et manœuvré par un seul homme ; sont réputés traînants tous les filets coulés à fond, au moyen de poids, et promenés sous l'action d'une force quelconque. Est pareillement prohibé l'emploi de lacets ou collets. Toutefois, des arrêtés préfectoraux rendus après avis des conseils généraux, peuvent autoriser à titre exceptionnel, l'emploi de certains filets traînants à mailles de 40 millimètres au moins pour la pêche d'espèces spécifiées, dans les parties profondes des lacs, des réservoirs de canaux et des fleuves et rivières navigables. Ces arrêtés désignent spécialement les parties considérées comme profondes dans les lacs, réservoirs de canaux, fleuves et rivières navigables. Ils indiquent aussi les noms locaux des filets autorisés et les heures auxquelles leur maneuvre est permise.

Constitue l'emploi du filet coulé et promené à fond que prohibe la loi, le fait de pêcher avec un filet qui, à une de ses extrémités, est fixé au fond de l'eau par une pierre, à la surface par une attache et qui, traîné par son autre extrémité, est ramené, suivant un circuit

complet, au point où il se rattache sur la rive.

Il est interdit d'établir, dans les cours d'eau, des appareils ayant pour objet de rassembler le poisson dans des noues, boires. fossés ou mares, dont il ne pourrait plus sortir, ou de le contraindre à passer par une issue garnie de pièges. Il est encore interdit de placer dans les rivières navigables ou flottables, canaux et ruisseaux, aucun barrage, appareil ou établissement quelconque de pêcherie ayant pour objet d'empêcher entièrement le passage du poisson ; les délinquants seront condamnés à une amende de 50 francs à 500 francs, et, en outre, aux dommages-intérêts ; et les appareils ou établissements de pêche seront saisis et détruits.

Il est également interdit : — 1º D'accoler aux écluses, barrages, chutes naturelles, pertuis, vannages, coursiers d'usines et échelles à poissons, des nasses, paniers et filets à demeure : — 2º De pêcher, avec tout autre engin que la ligne flottante tenue à la main, dans l'intérieur des écluses, barrages, pertuis, vannages, coursiers d'usines et passages ou échelles à poissons, ainsi qu'à une distance de 30 mètres en amont et en aval de ces ouvrages ; — 3º De pêcher à la main, de troubler l'eau et de fouiller, au moyen de perches, sous les racines ou autres retraites fréquentées par le poisson : — 4º De se servir d'appareils bruyants (cliquettes) d'armes à feu, de poudre de mine, de dynamite ou de toute autre substance explosible.

Quiconque aura jeté dans les eaux des drogues ou appâts qui sont de nature à enivrer le poisson ou à le détruire sera puni d'une amende de 30 à 100 francs et d'un emprisonnement d'un mois à trois mois ; ceux qui se sont servis de la dynamite ou d'autres produits de même nature seront passibles d'une amende de 200 à 500 francs et d'un emprisonnement de trois mois à un an. De plus, les préfets peuvent, après avoir pris l'avis des conseils généraux, interdire, en outre, par des arrêtés spéciaux, d'autres engins, procédés ou modes de pêche de nature à nuire au repeuplement des cours d'eau, et déterminent les espèces de poissons avec lesquelles il est interdit d'appâter les hameçons, nasses, filets ou autres engins. Il est enfin interdit de pêcher dans les parties des rivières. canaux ou cours d'eau dont le niveau serait accidentellement abaissé, soit pour y opérer des curages ou travaux quelconques, soit par suite de chômage des usines ou de la navigation.

Par contre, sur la demande des adjudicataires de la pêche des cours d'eau navigables et flottables, et sur la demande des propriétaires de la pêche des autres cours d'eau et canaux, les préfets peuvent autoriser, dans des emplacements déterminés, et à des époques qui ne coïncideront pas avec les périodes d'interdiction, des manœuvres d'eau et des pêches extraordinaires pour détruire certaines espéces dans le but d'en propager d'autres plus précieuses. Ils peuvent également, en cas de vidange de biefs, sur la proposition faite, suivant les cas, par les ingénieurs ou par les fonctionnaires de l'administration des forêts, autoriser les fermiers ou les propriétaires du droit de pêche à se servir exceptionnellement d'engins n'ayant pas les dimensions règlementaires pour s'emparer du poisson menacé de périr.

Dans le même but, est institué, au ministère de l'agriculture, une commission de la pêche fluviale composée de neuf membres, savoir : un conseiller d'Etat en service ordinaire, président ; quatre représentants du ministère des travaux publics, et quatre représentants du ministère de l'agriculture. Le président, en cas de partage, a voix prépondérante. Les membres de cette commission sont nommés par décret pour une période de trois années.

Les arrêtés pris par les préfets ne sont exécutoires qu'après approbation donnée par les ministres de l'agriculture et des travaux publics, chacun en ce qui le concerne, la commission de la pêche fluviale entendue.

Ils ne sont valables que pour une année ; ils peuvent être renouvelés. A la fin de chaque année, les préfets adressent au ministre de l'agriculture et au ministre des travaux publics, chacun en ce qui le concerne, un relevé des autorisations accordées à la demande des adjudicataires.

POLLUTION DES EAUX — USINES.

Nous avons vu que les pêcheurs qui se servent d'appâts enivrants ou de nature à détruire le poisson encourent des peines d'amende et même de prison. Le chanvre pourrait à la rigueur tomber sous le coup de ces prévisions et cependant force est bien aux cultivateurs de le mettre à tremper dans l'eau. Afin de contenter tout le monde, il est décidé que des arrêtés préfectoraux rendus sur les avis des conseils de salubrité et des ingénieurs ou des fonctionnaires de l'administration des forêts déterminent la durée du rouissage du lin et du chanvre dans les cours d'eau et les emplacements où cette opération peut être pratiquée avec le moins d'inconvénient pour le poisson.

Je crois bien que la cause la plus fréquente de pollution des eaux réside dans ce fait que les usines, fabriques, etc, projettent dans les rivières riveraines leurs eaux industrielles usées. Certaines sont extrêmement pernicieuses et nocives. Les préfets sont, là encore, autorisés à rendre les mêmes arrêtés que ci-dessus pour éviter ces inconvénients. C'est donc, aux préfets que les intéressés se plaindront sans préjudice de leur droit de poursuivre en justice réparation du dommage qui leur serait causé par la faute des usiniers.

En pareil cas, il conviendra d'établir que les eaux ainsi contaminées sont nocives et non que les résidus soient susceptibles d'enivrer et de détruire le poisson. En conséquence, s'il y a lieu à prélèvement d'échantillons, cette formalité doit porter, de part et d'autre des poursuites, non pas sur les résidus industriels avant tout mélange avec l'eau de la rivière, mais sur cette dernière

après qu'elle a reçu les premiers et à quelquès mètres
(bien les déterminer) de l'endroit où vient déboucher le
tuyau de la fabrique. La question, en effet, n'est pas de
savoir si les poissons peuvent vivre dans les eaux rési-
duaires de l'usine avant leur déversement dans celles
de la rivière, mais si leur mélange à ces dernières peut
nuire aux poissons.

Un arrêté préfectoral, en autorisant un industriel à
établir une fabrique de pâtes chimiques sur le bord d'un
ruisseau où il pourra deverser les eaux de son usine,
ne fait pas obstacle à des poursuites, lorsque cet arrêté
d'autorisation ne s'est référé en aucune façon aux lois
et décrets sur la pêche et s'est placé, non pas au point
de vue de la pêche et de la reproduction du poisson,
mais de l'hygiène et de la santé publique.

GARDES PARTICULIERS

Les fermiers de pêche, porteurs de licence, propriétaires riverains, associations de pêcheurs, etc., peuvent
avoir pour la défense de leur pêche des gardes qui sont
autorisés à constater les délits leur portant préjudice.
Les procès-verbaux de ces gardes ne feront cependant
foi que jusqu'à preuve contraire. Les poursuites et actions
seront exercées au nom et à la diligence des parties in-
téressées dans les formes que nous allons voir. Ces
gardes particuliers sont assimilables aux gardes-champêtres des communes ou mieux aux gardes-chasse
particuliers.

Il sont proposés par les propriétaires, fermiers de
pêche, etc, au préfet ou au sous-préfet par une demande
formulée sur une feuille de papier timbré à 0 fr. 60 à laquelle on joindra un bulletin du casier judiciaire, un
extrait d'acte de naissance et un certificat de bonne vie
et mœurs. Il ne doivent pas être âgés de moins de 25
ans ni être domestiques attachés à la personne du

maître. Ils sont révocables et, à moins de convention contraire, le délai de congé est de 8 jours.

L'arrêté qui les nomme constitue leur commission. Ils prêtent, ensuite, serment devant le juge de paix et ne pourraient entrer en fonctions avant d'avoir rempli cette formalité sous peine d'amende. Ils n'ont évidemment de compétence que sur les terres et eaux dépendant du domaine de leur mandant. Ils devront porter les insignes de leur grade c'est-à-dire la plaque en métal fixé à un brassard que tout le monde a vu aux gardes-champêtres. Ils sont officiers de police judiciaire, autorisés à porter des armes et les violences commises sur eux dans l'exercice de leurs fonctions ou à l'occasion de cet exercice sont réprimées très sévèrement. Ils ne peuvent fouiller les pêcheurs, ni perquisitionner à domicile même avec l'assistance des autorités. Ils pourraient, cependant, conduire devant ces dernières les pêcheurs, qui refuseraient de donner leur état-civil ou dont les réponses seraient suspectes.

Leurs procès-verbaux, pour valoir comme tels, devront être faits comme on va le voir plus loin. Ils ne valent jamais que jusqu'à preuve contraire.

GARDES ET POURSUITES

La surveillance, la police et l'exploitation de la pêche dans les cours d'eau navigables et flottables non canalisés, qui ne se trouvent pas dans les limites de la pêche maritime, ainsi que la surveillance et la police de la pêche dans les rivières, ruisseaux et cours d'eau non navigables ni flottables, sont placées dans l'attribution du ministre de l'agriculture et rattachées à l'administration des forêts. La pisciculture est également rattachée au ministère de l'agriculture. En conséquence, ces agents ainsi que les gardes champêtres, éclusiers des canaux et autres officiers de la police judiciaire, sont tenus de constater les délits de pêche, en quelques lieux qu'ils soient commis ; les gardes forestiers exercent, conjointement avec les officiers du ministère public, toutes les poursuites et actions en réparation de ces délits et transmettront leurs procès-verbaux au procureur de la République.

Les gardes forestiers recherchent et constatent par procès-verbaux les délits dans l'arrondissement du tribunal près duquel ils sont assermentés.

Ils sont autorisés à saisir les *filets et autres instruments de pêche prohibés, ainsi que le poisson pêché en délit.* Cependant, ils ne pourront, sous aucun prétexte, s'introduire dans les maisons et enclos y attenant pour la recherche des filets prohibés, ni fouiller les pêcheurs, ni même obliger un passant suspect à ouvrir le panier qu'il porte.

Les gardes ont le droit de requérir directement la force publique pour la répression des délits *en matière de pêche*, ainsi que pour la saisie des filets prohibés et du poisson *pêché en délit.*

Les filets et engins de pêche qui auront été saisis comme prohibés. ne pourront, dans aucun cas, être remis sous caution, ils seront déposés au greffe, et y demeureront jusqu'après le jugement pour être ensuite détruits. Les filets non prohibés dont la confiscation aurait été prononcée seront vendus au profit du Trésor. En cas de refus, de la part des délinquants, de remettre immédiatement le filet déclaré prohibé après la sommation du garde-pêche, ils seront condamnés à une amende de 50 francs.

Quant au poisson saisi pour cause de délit, il sera vendu sans délai dans la commune la plus voisine du lieu de la saisie, à son de trompe et aux enchères publiques, en vertu d'ordonnance du juge de paix ou de ses suppléants, si la vente a lieu dans un chef-lieu de canton, ou, dans le cas contraire, d'après l'autorisation du maire de la commune ; ces ordonnances ou autorisations seront délivrées sur la requête des agents ou gardes qui auront opéré la saisie, et sur la présentation du procès-verbal régulièrement dressé et affirmé par eux. Dans tous les cas, la vente aura lieu en présence du receveur des domaines, et, à défaut, du maire ou adjoint de la commune, ou du commissaire de police.

Les procès-verbaux dressés par les agents forestiers, soit isolément, soit avec le concours des gardes-champêtres, ne sont point soumis à l'affirmation. Dans le cas où le procès-verbal portera saisie, il en sera fait une expédition, qui sera déposée dans les vingt-quatre heures au greffe de la justice de paix, pour qu'il en puisse être donné communication à ceux qui réclameraient les objets saisis. Le délai ne courra que du moment de l'affirmation pour les procès-verbaux qui sont soumis à cette formalité. Les procès-verbaux seront enregistrés dans les quatre jours de leur clôture ; cet enregistrement se fera en débet.

Toutes les poursuites exercées en réparation de délits pour faits de pêche seront portées devant les tribunaux correctionnels. La citation devra, à peine de nullité, contenir la copie du procès-verbal et de l'acte d'affirmation, sauf pourtant quand il s'agit d'un procès-verbal de gendarmerie qui relate un fait de pêche que les agents n'auraient pas eux-mêmes constaté.

Les gardes *chargés de la surveillance de la pêche* pourront, dans les actions et poursuites exercées en son nom, faire toutes citations et significations d'exploits, sans pouvoir procéder au saisies exécutions. Leurs rétributions pour les actes de ce genre seront taxées comme pour les actes faits par les huissiers des juges de paix. Ils ont le droit d'exposer l'affaire devant le tribunal, et sont entendus à l'appui de leur conclusions.

Les délits en matière de pêche seront prouvés, soit par procès-verbaux, soit par témoins, à défaut de procès-verbaux ou en cas d'insuffisance de ces actes. Les pro—

cès-verbaux revêtus de toutes les formalités prescrites ci-dessus, et qui sont dressés et signés par deux gardes, font preuve, jusqu'à inscription de faux, des faits maté riels relatifs aux délits qu'ils constatent, quelles que soient les condamnations auxquelles ces délits peuvent donner lieu. Il ne sera, en conséquence, admis aucune preuve outre ou contre le contenu de ces procès verbaux, à moins qu'il n'existe une cause légale de récusation contre l'un des signataires. Ceux revêtus de toutes les formalités prescrites, mais qui ne seront dressés et signés que par un seul garde feront de même preuve suffisante jusqu'à inscription de faux, mais seulement lorsque le délit n'entraînera pas une condamnation de plus de 50 francs, tant pour amende que pour dommages-intérêts. Les procès-verbaux, qui, d'après les dispositions qui précèdent, ne font point foi et preuve suffisante jusqu'à inscription de faux, peuvent être corroborés et combattus par toutes les preuves légales.

Le prévenu qui voudra s'inscrire en faux contre le procès verbal sera tenu d'en faire par écrit et en personne ou par un fondé de pouvoir spécial par acte notarié, la déclaration au greffe du tribunal avant l'audience indiquée par la citation. Cette déclaration sera reçue par le greffier du tribunal; elle sera signée par le prévenu ou son fondé de pouvoir; et dans le cas où il ne saurait ou ne pourrait signer, il en sera fait mention expresse. Au jour indiqué pour l'audience, le tribunal donnera acte de la déclaration, et fixera un délai de huit jours au moins et de quinze jours au plus, pendant lequel le prévenu sera tenu de faire au greffe le dépôt des moyens de faux, et des noms, qualités et demeures des témoins qu'il voudra faire entendre. A l'expiration de ce délai, et sans qu'il soit besoin d'une citation nouvelle, le tribunal admettra les moyens de faux, s'ils sont de nature à détruire l'effet du procès-verbal, et il sera procédé sur le faux conformément aux lois. Dans le cas contraire, et faute par le prévenu d'avoir rempli toutes les formalités ci-dessus prescrites, le tribunal déclarera qu'il n'y a lieu à admettre les moyens de faux, ordonnera qu'il soit passé outre au jugement. Le prévenu contre lequel aura été rendu un jugement par défaut, sera encore admissible à faire sa déclaration d'inscription de faux pendant le délai qui lui est accordé par la loi pour se présenter à l'audience sur l'opposition par lui formée. Lorsqu'un procès-verbal sera rédigé contre plusieurs prévenus, et qu'un ou quelques-uns d'entre eux seulement s'inscriront en faux, le procès-verbal continuera de faire foi à l'égard des autres, à moins que le fait sur lequel portera l'inscription de faux ne soit indivisible et commun aux autres prévenus.

Si, dans une instance en réparation de délit, le prévenu excipe d'un droit de propriété ou de tout autre droit réel le tribunal saisi de la plainte statuera sur l'incident. Cette exception préjudicielle ne sera admise qu'autant qu'elle sera fondée, soit sur un titre apparent, soit sur des faits de possession équivalents, articulés avec précision, et si le titre produit ou les faits articulés sont de nature, dans le cas où ils seraient reconnus par l'autorité compétente. à ôter au fait qui sert de bases aux poursuites tout caractère de délit. *Dans le cas de renvoi à fins civiles,* le jugement fixera un bref délai, dans lequel la partie qui aura élevé la question préjudicielle devra saisir les juges compétents de la connaissance du litige et justifier de ses diligences ; sinon il sera passé outre. Toutefois, en cas de condamnation, il sera sursis à l'exécution du jugement sous le rapport de l'emprisonnement, s'il était prononcé, et le montant des amendes, restitutions et dommages intérêts, sera versé à la caisse des dépôts et consignations, pour être remis à qui il sera ordonné par le tribunal qui statuera sur le fond du droit.

Les agents de l'administration *chargés de la surveillance de la pêche* peuvent, en son nom, interjeter appel des jugements et se pourvoir contre les arrêts et jugements en dernier ressort ; mais ils ne peuvent se désister de leurs appels sans son autorisation spéciale. Le droit attribué à l'administration et à ses agents de se pourvoir contre les jugements et arrêtés par appel ou par recours en cassation est indépendant de la même faculté qui est accordée par la loi au ministère public, lequel peut toujours en user, même lorsque l'administration ou ses agents auraient acquiescé au jugements et arrêts.

Les actions en réparation de délits en matière de pêche se prescrivent par trois mois à compter du jour où les délits ont été constatés par un procès-verbal régulier faisant foi au moins jusqu'à preuve contraire : mais, si le procès-verbal n'a que la valeur d'un simple rapport, la prescription de 3 ans à dater du délit est seule applicable.

Ces dispositions ne sont pas applicables aux délits et malversations commis par les agents, préposés ou gardes de l'administration dans l'exercice de leurs fonctions ; les délais de prescriptions à l'égard de ces préposés et de leurs complices seront les mêmes que ceux qui sont déterminés par le Code d'instruction criminelle. La transaction consentie par l'administration a pour effet d'éteindre l'action publique tant à l'égard du parquet que de la partie civile; cette dernière, après transaction, ne serait donc plus fondée à citer le délinquant devant le tribunal correctionnel, mais seulement devant la juridiction civile.

La gratification accordée aux agents qui auront constaté les délits en matière de pêche est fixée au tiers de l'amende prononcée contre les délinquants et recouvrée sans pouvoir toutefois excéder, pour chaque condamnation, la somme de cinquante francs (50 fr.). Elle sera directement acquittée entre les mains de l'ayant-droit par le receveur de l'enregistrement, suivant le mode actuel et les règles de la comptabilité publique.

PÉNALITÉS

Aucun délit de pêche fluviale ne peut, sauf le cas

d'enivrement et destruction de poisson par drogues ou appâts, être punis d'une peine autre que l'amende, alors même qu'il aurait été commis la nuit ou en état de récidive.

Quiconque se livre à la pêche pendant les temps, saisons et heures prohibés par les ordonnances, sera puni d'une amende de 30 à 200 francs. Une amende de 30 à 100 francs sera prononcée contre ceux qui feront usage, en quelque temps et en quelque fleuve, rivière, canal ou ruisseau que ce soit, de l'un des procédés ou modes de pêche ou de l'un des instruments ou engins de pêche prohibée par les arrêtés préfectoraux. Si le délit a eu lieu pendant le temps du frai, l'amende sera de 60 à 200 francs. Les mêmes peines seront prononcées contre ceux qui se serviront, pour une autre pêche, de filets permis seulement pour celle du poisson de petite espèce. Ceux qui seront trouvés porteurs ou munis, hors de leur domicile, d'engins ou instruments de pêche prohibés, pourront être condamnés à une amende qui n'excédera pas 20 francs, et à la confiscation des engins ou instruments de pêche, à moins que ces engins ou instruments ne soient destinés à la pêche dans des étangs ou réservoirs.

Quiconque pêchera, colportera ou débitera des poissons qui n'auront point les dimensions déterminées par les ordonnances, sera puni d'une amende de 20 à 50 francs, et de la confiscation desdits poissons. Sont néanmoins exceptées de cette disposition les ventes de poissons provenant des étangs ou réservoirs.

La même peine sera prononcée contre les pêcheurs qui appâteront leurs hameçons, nasses, filets ou autres engins avec des poissons des espèces prohibées, qui seront désignées par les ordonnances.

Les contremaîtres, les employés du balisage et les mariniers qui fréquentent les fleuves, rivières et canaux navigables ou flottables ne pourront avoir dans leurs bateaux aucun filet ou engin de pêche, même non prohibé sous peine d'une amende de 50 francs, et de la confiscation des filets. A cet effet, ils seront tenus de souffrir la visite, sur leurs bateaux et équipages, des agents chargés de la police de la pêche, aux lieux où il aborderont. La même amende sera prononcée contre ceux qui s'opposeront à cette visite. Cette prohibition est générale et s'applique à tous individus qui, non fermiers de la pêche on non porteurs de licence, parcourent avec leurs bateaux les rivières navigables.

Les fermiers de la pêche et les porteurs de licences, et tous pêcheurs en général, dans les rivières et canaux seront tenus d'amener leurs bateaux, et de faire l'ouverture le leurs loges ethangars, bannetons, huches et autres réservoirs ou boutiques à poisson, sur leurs cantonnements, à toute réquisition des agents et préposés de l'administration dela. pêche, à l'effet de constater les contraventions qui pourraient être par eux commises aux dispositions de la présente loi. Ceux qui s'opposeront à la visite ou refuseront l'ouverture de leurs boutiques à poisson seront, pour ce seul fait punis d'une amende de 50 francs.

Les amendes, ici, participent des réparations civiles auxquelles elles sont étroitement liées. Ce caractère ex ceptionnel qui leur est ainsi attribué permet le cumul des peines, c'est-à-dire la condamnation à toutes les peines encourues par un même fait de pêche et non, suivant la règle générale, l'application de la peine la plus forte quand le délit en comporte plusieurs. Voici, par exemple, un individu qui pêche : 1o avec des engins prohibés, 2o dans une rivière, sans l'autorisation de celui à qui appartient le droit de pêche : il encourt pour ce fait deux amendes qu'il cumulera.

. Les circonstances atténuantes sont admises ; mais pas la loi de sursis.

PEINES ET CONDAMNATIONS

Dans le cas de récidive, la peine est toujours doublée or, il y a récidive, lorsque, dans les douze mois, précédents, il a été rendu contre le délinquant un premier jugement pour délit en matière de pêche.

Les peines seront également doublées, lorsque les délits auront été commis la nuit.

Dans tous les cas où il y aura lieu à adjuger des dommages-intérêts, ils ne pourront être inférieurs à l'amende simple prononcée par le jugement. De même, si le préjudice causé n'excède pas 25 francs, et si les circonstances paraissent atténuantes, les tribunaux sont autorisés à réduire l'emprisonnement même au-dessous de 6 jours et l'amende même au-dessus de 16 francs : ils pourront aussi prononcer séparément l'une ou l'autre de ces peines, sans qu'en aucun cas elle puisse être au-dessous des peines de simple police. Les restitutions et dommages-intérêts appartiennent aux fermiers, porteurs de licences et propriétaires riverains, si le délit est commis à leur préjudice ; mais, lorsque le délit a été commis par eux-mêmes au détriment de l'intérêt général, ces dommages-intérêts appartiennent à l'État. Appartiennent également à l'État toutes les amendes et confiscations.

Les maris, pères, mères, tuteurs, fermiers et porteurs de licences, ainsi que tous propriétaires, maîtres et commettants, seront civilement responsables des délits en matière de pêche commis par leurs femmes, enfants mineurs, pupilles, bateliers et compagnons et tous autres subordonnés, sauf tout recours de droit.

Les jugements rendus à la requête de l'administration chargée de la police de la pêche, ou sur la poursuite du ministère public, sont signifiés par simple extrait qui contiendra le nom des parties et le dispositif du jugement. Cette signification fait courir les délais de l'opposition et de l'appel des jugements par défaut. Le recouvrement de toutes les amendes pour délits de pêche est confié aux receveurs de l'enregistrement et des domaines. Ces receveurs sont également chargés du recouvrement des restitutions, frais et dommages intérêts résultant des jugement rendus en matière de pêche. Les jugements contenant des condamnations en faveur des fermiers de la pêche, des porteurs de licences et des particuliers, pour réparation des délits commis à leur préjudice, seront, à leur diligence, signifiés et exécutés suivant les mêmes formes et voies de contrainte que les jugements rendus à la requête de l'administration chargée de la surveillance de la pêche. Le recouvrement des amendes prononcées par les mêmes jugements sera opéré par les receveurs de l'enregistrement et des domaines.

GRENOUILLES

Les grenouilles, disent certains jugements, constituent incontestablement un produit des cours d'eaux, étangs, etc.; elles peuvent, à bon droit, être considérées comme objets de pêche dans les termes et dans les conditions de la loi sur la matière. Dès lors, le pêcheur de grenouilles devra éviter de contrevenir aux dispositions que nous venons d'étudier sans quoi il commettrait un délit passible des peines que nous connaissons.

D'autres décident que la capture des grenouilles même dans un étang ou aux abords de l'étang d'autrui ne saurait constituer un vol, mais bien un simple délit de pêche dans une eau ou sur un terrain frais et humide appartenant à autrui, sans le consentement du propriétaire. Il est certain que la grenouille a l'âme vagabonde et qu'elle se déplace avec une facilité que n'ont point les poissons. On ne peut guère se l'approprier. Mais, tout de même, lorsqu'elle est dans l'étang d'autrui, on devrait dire qu'on ne peut la lui enlever.

Enfin, il y a des jugements qui déclarent catégoriquement que les lois sur la pêche ne s'appliquent point aux grenouilles. Ils ne semblent pas tenir la grenouille pour un poisson. Devant cette incohérence juridique, quand les juges ne s'accordent pas, comment veut-on que le public s'y retrouve ?

BOUTIQUES ET RÉSERVOIRS

Aucun texte des lois relatives à la pêche ne défend aux particuliers d'avoir dans un fleuve ou dans une rivière navigable des réservoirs ou boutiques à poissons. Ne commet, en conséquence, aucune contravention à la police de la pêche celui qui conserve dans un fleuve, après la fermeture de la pêche, une boutique à poissons. Autre conséquence de cette doctrine : n'est pas obligatoire l'arrêté préfectoral qui interdit à tous les détenteurs de poisson pêché en rivière de le conserver pendant plus de 8 jours, à partir de la fermeture de la pêche, dans des boutiques à poissons placées dans une rivière; aucun texte soit des lois, soit des décrets rendus sur la matière n'autorisant les préfets à réglementer la conservation, la vente ou le débit de poissons qui proviennent d'étangs ou réservoirs

En effet, le poisson conservé dans une boutique close, placée en rivière, est du poisson de réservoir et le propriétaire peut l'y détenir légalement et même le vendre, transporter, colporter à condition d'en prouver l'origine.

TRANSACTION

En matière de délits ou contraventions relatifs à la pêche fluviale ou maritime, l'administration a le droit de transiger avec les coupables qui, au besoin, se feront très exactement renseigner par les agents verbalisateurs et autres. Il va sans dire qu'ici encore un mauvais arrangement vaut mieux qu'un bon procès. On transigera aussitôt que possible. La transaction doit être approuvée par le conservateur lorsque les condamnations encourues, y compris les réparations civiles, n'excèdent pas 1000 fr.

Imp. MODERNE, 47, Boulevard de Ménilmontant. — PARIS

TEXTE OFFICIEL

ET

COMMENTAIRES DES LOIS

LOYERS

Texte officiel de la loi du 9 mars, suivi des circulaires ministérielles relatives à son application et du texte des lois des 4 janvier 1919, 23 octobre 1919, 26 octobre 1919 (Baux d'immeubles dans les *pays envahis*), 3 novembre 1919 (Baux des *fermiers* et *métayers*) **1.00**

Franco : 1.20

La loi des loyers à la portée de tous, par SOULIE et GARDÈS, le commentaire le plus clair et le plus complet de la loi sur les loyers **3.00**

Franco : 3.30

L'interprétation de la loi des loyers par la Cour de Cassation, par TORAU - BAYLE, avocat à la Cour d'Appel de Paris. Recueil des arrêts faisant désormais jurisprudence en matière de loyers **2.50**

Franco : 2.65

PENSIONS MILITAIRES

Texte officiel de la loi du 31 mars 1919, suivi des tableaux annexes et du décret d'administration publique du 2 septembre 1919 . . . . **1.00**

Franco : 1.20

La loi des pensions militaires à la portée de tous, par le Capitaine LABAU et J. SOULIÉ, le commentaire explicatif le plus clair de la loi des pensions militaires, suivi de 12 modèles de demandes concernant tous les cas (militaires, veuves, ascendants, etc.) **3.00**

Franco : 3.30

Barème pour la classification des infirmités en vue de la concession des pensions militaires accordées par la loi du 31 mars 1919, texte officiel du décret du 29 mai 1919. **1.50**

Franco : 1.65

DOMMAGES DE GUERRE

Texte officiel de la loi du 17 avril 1919 sur la réparation des dommages de guerre, suivi du règlement d'administration publique du 2 juin 1919 . . . . **1.00**

Franco : 1.20